ඉලක්කම් කතාව

THE NUMBER STORY

SMALL BOOK ONE

ENGLISH - SINHALA

Numbers Teach Children
Their Number Names

written and illustrated by

MISS ANNA

Early Reader Edition of *The Number Story 1*
Bronze Medal Winner, 2016 Wishing Shelf Book Award

Library of Congress Control Number: 2018902040

Names: Miss Anna, author.
Title: Number story : numbers teach children their number names / Miss Anna.
Description: Portland, OR: Lumpy Publishing, 2018.
Identifiers: ISBN 978-1-945977-76-3| LCCN 2018902040
Summary: The pictures and rhymes present stories which introduce numbers 0-10.
Subjects: LCSH Numeration—English--Sinhala--Pictorial works--Juvenile literature. | BISAC JUVENILE NONFICTION /
Languages: English--Sinhala
Classification: LCC QA141.3 .M57 2018 | DDC 513—dc23

Publisher: Lumpy Publishing
Website: www.missannabooks.com
Email: missanna@missannabooks.com
Facebook: Miss Anna Lumpy

Paperback: ISBN 978-1-945977-76-3
Printed in the U.S.A.   1 3 5 7 9 10 8 6 4 2

ඔයා ආසයි ද ඉලක්කම් වලට කියන නම් ඉගෙන ගන්න?

It is very easy and a lot of fun!

ඒක හරිම ලේසියි! හරිම විනෝදයි!

Say-along our little jingle

ඔයාටත් පුළුවන් තාලෙට මාත් එක්ක
මේ පුංචි කතාව කියවන්න!

starting from Number One!

අපි පලවෙනි ඉලක්කමෙන් පටන් ගමු!

1

ONE   looks like my one finger.

එක මගේ ඇඟිල්ලක් වගේ.

ONE!
එක!

2

TWO trails a tail.

දෙක

දෙක පිටිපස්සෙන්
වලිගයක් තියෙනවා.

වලිගයක්!

3

THREE   has bumps.

තුන

තුන නම් කන්දක් වගේ.

බලන්න කොළ පාට කඳු දිහා!

FOUR carries a sail.

හතර

හතර රුවල් බෝට්ටුවක් වගේ.

A SAIL!
රුවල් තියෙන
බෝට්ටුවක්!

5

FIVE   is a racing track.

පහ

පහ රේස්කාර් යන පාරක්.

VROOM

හය

හය ගොලුබෙල්ලෙක් වගේ නැවිලා.

ගොළුබෙල්ලෙක්!

7

SEVEN has a sharp angle.

හත

හතට තියෙනවා
උල් වෙච්ච මුල්ලක්.

OUCH!
අඩපාඩි!

8

E I G H T   is rollercoaster rails.

අට

අට ගොඩක් වංගු තියෙන
තියෙන කෝච්චි පාරක්.

ၐယ်!
ၐယ်!
ၐယ်!
YIPPEE!

NINE   is a bubble on a stick.

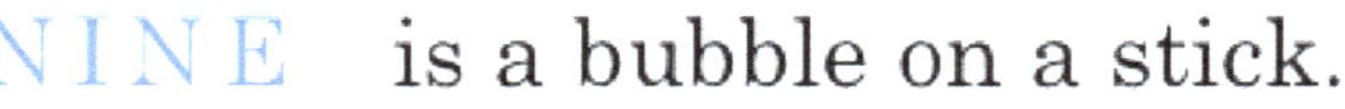

නමය

නමය පොල්ලක් උඩ
තියෙන බුබුලක්.

A BUBBLE!
බුබුලක්!

TEN   is an eye of a whale.

දහය

දහය තල්මහාගේ එක ඇහැක්.

HELLO!
හෙලෝ!

And
සහ
0
ZERO   is an empty pail.
බිංදුව
බිංදුව හිස් බාල්දියක්.

IT'S EMPTY!
ඒක හිස්!

Thank you for playing with us today.

අපිත් එක්ක අද සෙල්ලම් කරාට ඔයාට ස්තූතියි.

We had a lot of fun too!

අද අපිත් ඔයාත් එක්ක
ගොඩක් සතුටු වුණා!

We are your Number friends,
Zero to Ten,
Who will be here for you~

අපි ඔයාගේ ඉලක්කම් යාලුවෝ
බින්දුවේ ඉදන් දහයට.
අපි ඔයත් එක්ක හැමදාම
එකට ඉන්නවා.

See you again soon!

අපි ආයෙත් ඉක්මනට හම්බ වෙමු!

Bye-bye now!

ಬಾಯಿ!

The Numbers are *SINGING* too!

To sing-a-long, look for Miss Anna Number Story
at your favorite music store like iTUNES.

MP3

Numbers 0-10
IDENTIFYING
& COUNTING

Numbers 11-20
& Ordinals
first, second, third...

Numbers 0-100
& Place Values
ones, tens, hundreds...

About Clocks
& Telling Time
hours, minutes, seconds

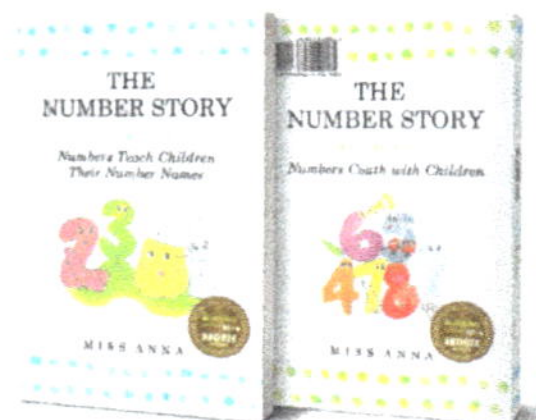

Number Story 1 & 2
isbn: 978-0-996216-48-7

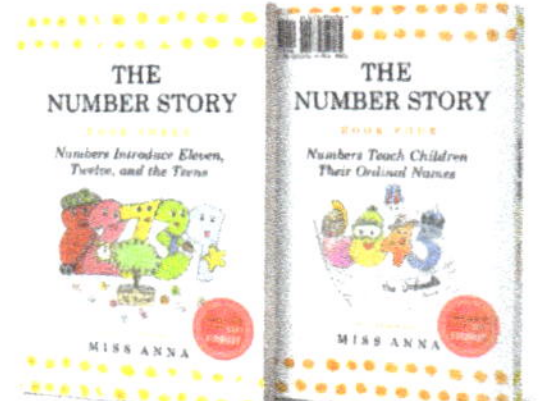

Number Story 3 & 4
isbn: 978-1-945977-01-5

Number Story 5 & 6
isbn: 978-1-945977-06-0

Number Story 7 & 8
isbn: 978-1-949320-40-4

For more Miss Anna books to love,
visit us at

www.missannabooks.com

Numbers are working hard all over the world!
Come Travel the World with Us!